AF411013

CROQUIS,

Lithographiés par L.ᵉ Mesnil, d'après A. Noel.

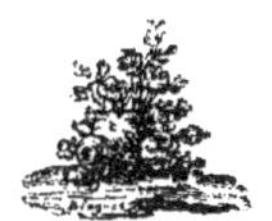

A PARIS,

DE L'IMPRIMERIE DE LEBLANC,

RUE FURSTEMBERG, N.º 8, ABBAYE SAINT-GERMAIN.

1824.

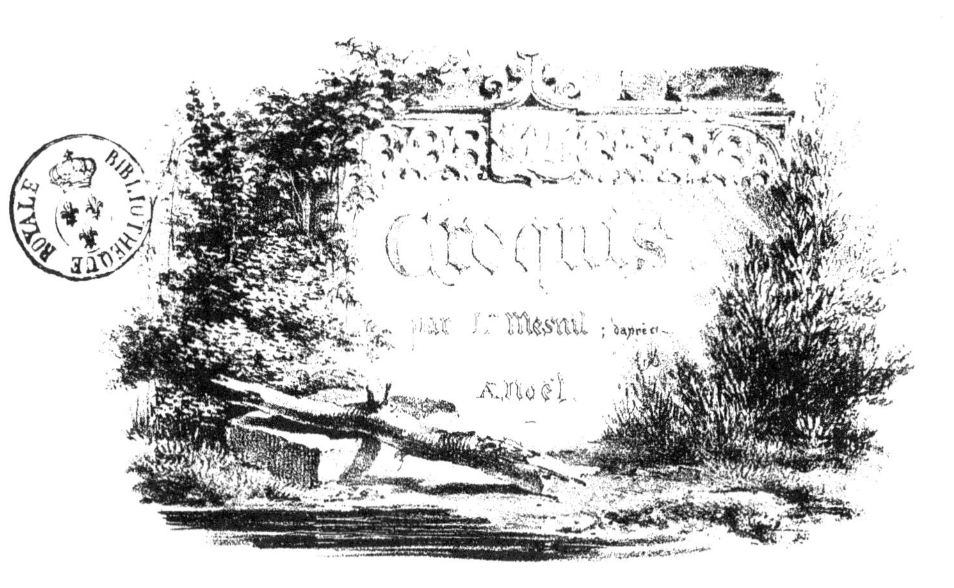
Croquis
par L. Mesnil ; d'après
A. Noël.

CABANE DE BUCHERON.

Si des Édifices réguliers embellissent de leur composition les tableaux d'un paysagiste, la cabane d'un villageois peut devenir aussi l'ornement d'un paysage pittoresque. L'origine des ordres d'architecture a pris naissance au milieu des constructions champêtres; pourquoi la bizarrerie de ces dernières n'offrirait-elle rien à l'imagination?

Ce croquis d'une habitation de bucheron, dessiné d'après nature, dans la forêt de Senars, m'a semblé remplir le but que je me suis proposé dans ce petit Ouvrage, en montrant aux jeunes élèves que les objets les plus indifférens peuvent devenir un sujet d'Étude, pour ceux qui s'adonnent au paysage.

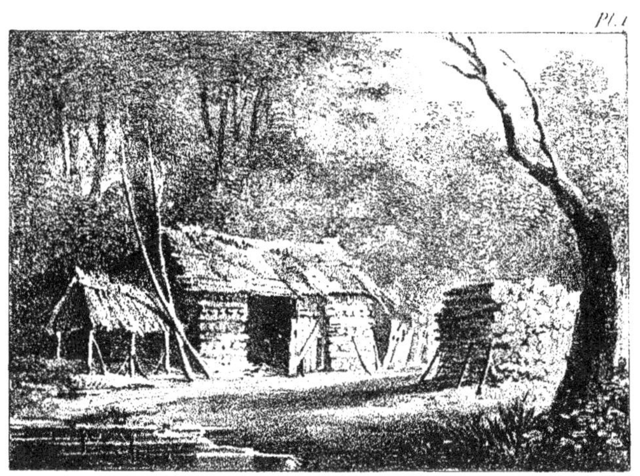

Cabane de Bûcheron

ANCIEN PALAIS DE SAINT-LOUIS.

Ce Palais, dont Adrien-de-Valois fait remonter la fondation à Eudes et à ses successeurs, doit son origine aux craintes que faisaient éprouver, à cette époque, les excursions que les Normands étendaient quelquefois jusqu'aux portes de Paris. Saint Louis y fit faire des réparations immenses, et l'augmenta de plusieurs constructions, parmi lesquelles on distingue la Sainte-Chapelle, le plus beau monument gothique du siècle (1246). Cette demeure de nos Rois fut encore considérablement agrandie sous le règne de Philippe-le-Bel; Charles VI en fit sa résidence ordinaire, et François I.er l'habita en 1531.

Un incendie, arrivé le 7 mars 1618, réduisit en cendres la plus grande partie des bâtimens de ce palais; ce fut en 1622, et sous la conduite de Jacques' de Brosse, célèbre architecte, qu'il fut rétabli sur ses anciennes fondations.

La vue ci-jointe est celle de la salle souterraine qui lui servait d'entrée, et qui aujourd'hui sert de soubassement à la grande salle du Palais-de-Justice.

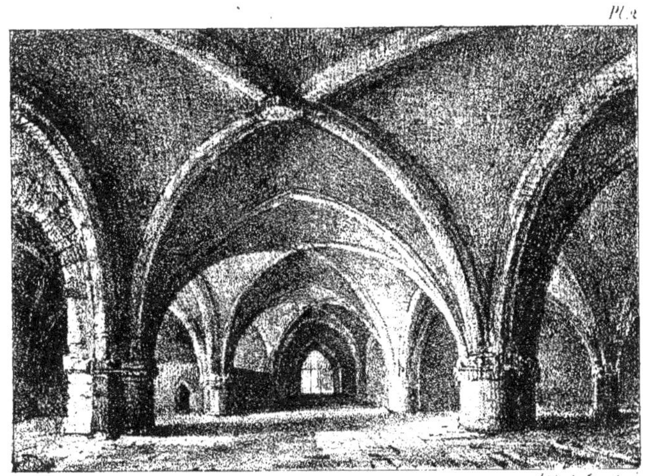

Palais de St Louis.

MONUMENT DES DRUIDES.

JE joins à ce Recueil l'esquisse d'un de ces monumens que rencontrent à chaque pas ceux qui parcourent l'ancienne Gaule. Non loin de Brest, à la pointe de Plongastel, en face de l'Ile-Longue, on aperçoit, au midi, les montagnes du Menescom, dont les cavités (selon d'anciennes traditions) étaient habitées par les Druides.

L'aspect de ces demeures des prêtres gaulois, porte encore le cachet imposant d'une religion terrible. L'entrée de ces temples souterrains, que la superstition et l'ignorance rendaient sacrés, n'était accordée qu'aux seuls hommes initiés à ces affreux mystères.

D'épaisses forêts cachaient ces retraites aux yeux des autres mortels.

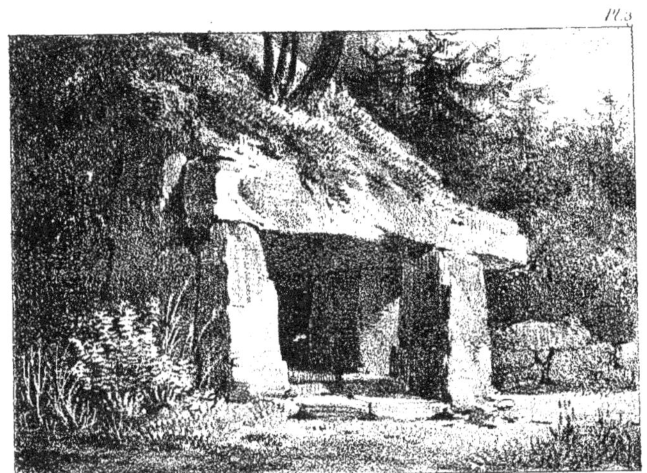

Monument de Druides

ABBAYE DU LYS.

Cette Ruine, située sur la rive gauche de la Seine, à environ une demi-lieue de Melun, département de Seine-et-Marne, est un morceau d'architecture qui se rattache à des souvenirs intéressans. Le propriétaire de cet antique édifice a droit à la reconnaissance des amis des arts, pour le soin qu'il a pris de conserver un monument du XII.ᵉ siècle, qu'il peut quelquefois être utile de consulter.

Cette construction remonte à la reine *Blanche de Castille,* mère de Saint Louis, qui, dit-on, la fonda pour accomplir un vœu fait pour le succès des armes de son fils en Terre-Sainte.

Les religieuses qui l'habitaient portaient le titre de Bénédictines de l'Ordre de Citeaux.

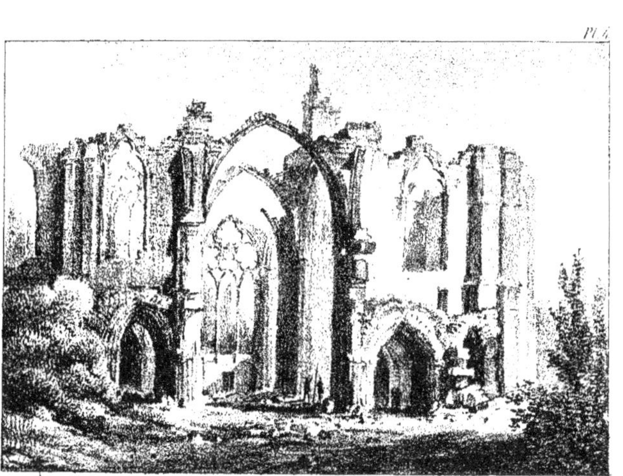

Abbaye du Lys.

CHÂTEAU DE BLANDY.

LE département de Seine-et-Marne, où les ruines de cet ancien château sont situées, est orné de tant de sites et monumens curieux, qu'on pourrait enrichir plusieurs albums de souvenirs intéressans. Le château de Blandy, à deux lieues de Melun, est une ancienne demeure de la puissance seigneuriale. Plusieurs siècles se sont accumulés sur son enceinte. Ces murs, témoins muets de l'abus du pouvoir, n'offrent plus qu'une triste solitude ; des fragmens épars attestent encore la vaste étendue de ces domaines. Quelques tours sont encore habitables, mais leur destination est changée : de paisibles villageois en font leur demeure, et les anciennes salles d'armes et de conseil servent d'abris à de nombreux troupeaux.

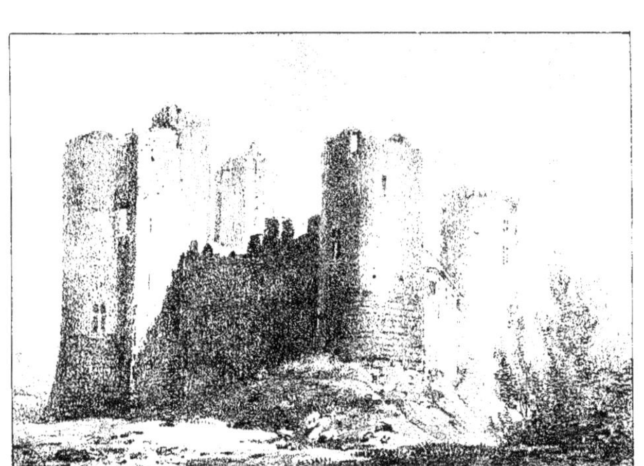

Château de Blandy.

BAIE SAINTE-ANNE.

Ce site est près de Brest, à un quart de lieue de Porzic ; les roches élevées qui garnissent cette partie de la côte du Nord se rangent en amphithéâtre autour d'une anse appelée la *Baie Sainte-Anne*. Le voyageur, fatigué après avoir gravi leurs sinuosités, peut se reposer au milieu d'une vallée délicieuse, que l'orme et le figuier ombragent de leurs rameaux. Les landes et l'aridité des grèves qu'elles couronnent ont disparu ; les flots de l'Océan ont perdu leur fureur, en luttant contre les roches voisines qui leur servent de digue. Ces vagues caressent ici une plaine verdoyante, et viennent se briser doucement en lames argentines. Un ruisseau qui arrose la prairie, alimente de ses eaux un moulin, seule habitation de ce site pittoresque, et vient se perdre dans l'immensité des ondes.

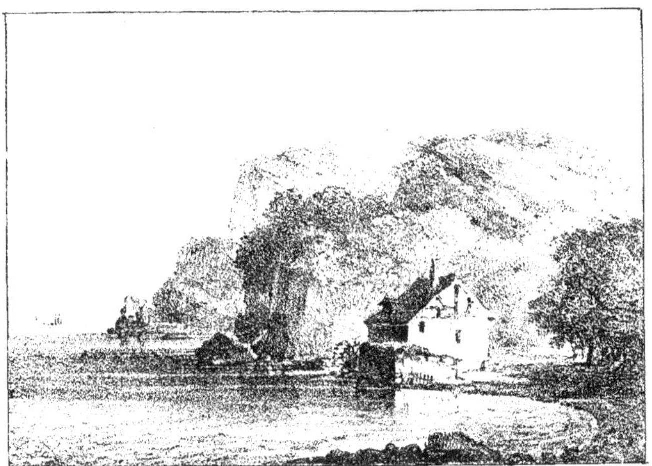

Baie Ste Anne.

PORTE DE PROVINS.

LA ville de Provins, l'ancien *Agendicum* de Jules-César, peut encore aujourd'hui donner une idée des immenses travaux que les Romains construisaient dans les Gaules, pour se mettre à l'abri des attaques fréquentes d'un peuple courageux et entreprenant.

Le vieux Provins, que l'on distingue par la dénomination de Ville-Haute, est l'ancienne capitale de la Basse-Brie; les restes du Château, dont ce croquis représente une des portes, appelée *Porte Saint-Jean*, sont très-curieux; ses murailles, flanquées de tours épaisses, sont en grande partie de construction romaine. Les Artistes peuvent donc, à vingt lieues de la capitale, aller enrichir leur album de fragmens dignes de figurer parmi les antiquités célèbres du Languedoc et de la Provence.

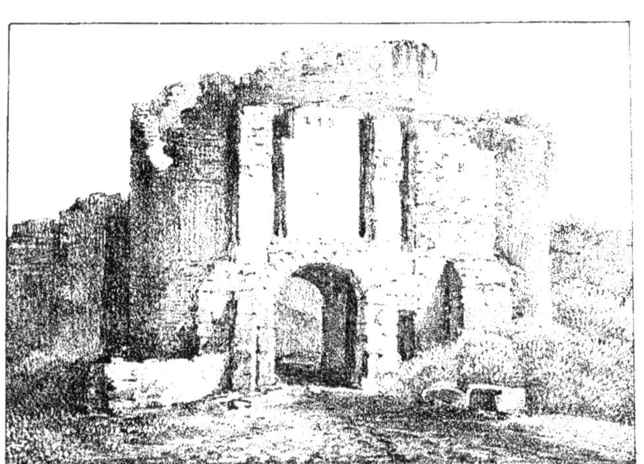

Porte de Pieries.

PONT DE MAINCY.

Le pont de Maincy, près du village de ce nom, à une lieue de Melun, n'a d'autre mérite
que celui de donner une idée du parti que peut tirer un paysagiste de la construction la plus
simple. Ce massif de peupliers qui sert de premier plan, la limpidité de l'eau qui reflète
en sens inverse, la courbe d'une arche couverte de lierre et de mousse, et sous laquelle on
aperçoit le pied d'un saule, qui vient mêler ses feuilles argentines aux branches toujours agitées
du tremble, offrent quelques variétés assez intéressantes pour ajouter cette vue à celles con-
tenues dans ce Recueil.

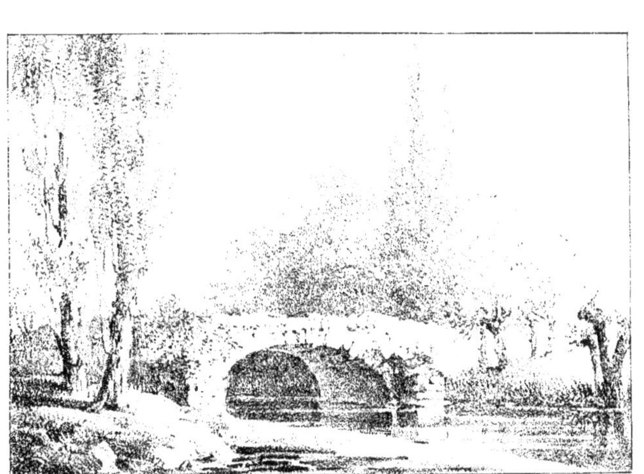

Pont de Moincy.

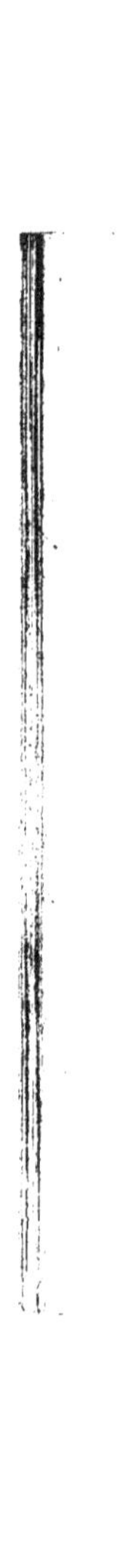

ÉTUDE A FONTAINEBLEAU.

Avant de quitter la forêt de Fontainebleau, où des milliers de tableaux ne laissent que l'embarras du choix, je vais joindre aux différens croquis de ce Recueil le tronc d'un hêtre. Cet arbre, pris dans la vallée de la Solle, m'a paru digne d'un souvenir ; son énorme diamètre atteste son antiquité ; le lierre dont il est enlacé, un terrain moussu qui entoure ses racines, embellissent les différens effets de lumière répandus sur ce fragment d'un site vraiment romantique.

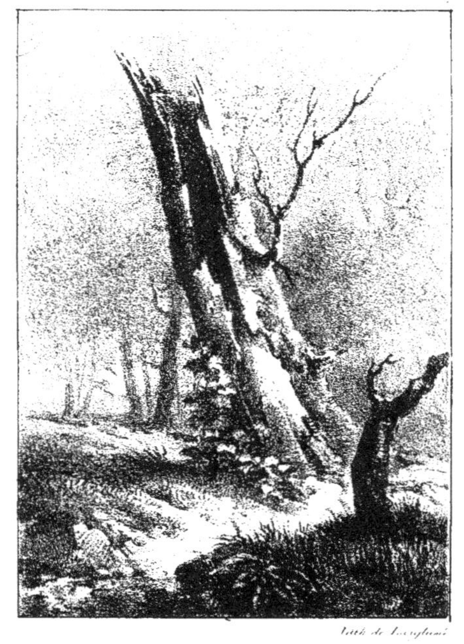

Étude à Fontainebleau.

CHAISE SAINTE-MARIE.

La forêt de Fontainebleau est, de tous les sites qui avoisinent la capitale, celui où les richesses semblent avoir été amoncelées pour offrir aux paysagistes des études aussi variées que pittoresques : rien n'est plus surprenant que ces grès gigantesques ; c'est l'image du chaos. Ce tableau est enrichi par des sapins ; cette végétation magnifique oppose la sombre verdure de ses masses aux teintes grisâtres des roches qui leur disputent le peu de terre qui couvre leurs racines. Le dessin que je retrace ici est une Géode ou grès d'un seul morceau, situé sur le chemin du mont Chauvet ; sa cavité offre un abri au voyageur. La dénomination de *Chaise Sainte-Marie* lui vient probablement du soin que le hasard a pris de sa formation, et de la petite figure de vierge qu'on y voyait avant la Révolution.

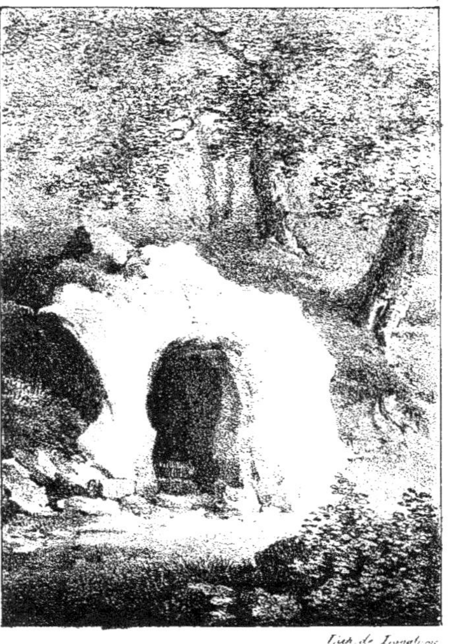

Lith. de Langlumé
Chaire Ste Marie.

RAVIN DE LA BONNE-FONTAINE.

LES Vosges, chaîne de montagnes qui donnent leur nom au département, ont été jusqu'à présent peu explorées des Artistes ; elles offrent cependant un sol tout-à-la-fois riche et pittoresque, qui intéresse l'œil et l'imagination.

Des roches élevées supportent sur leurs cimes les restes d'anciens châteaux-forts, dont les décombres roulent dans une vallée délicieuse, située au pied de ces monumens.

La vue d'une des nombreuses cascades que la saison pluvieuse fait jaillir des différentes gorges de montagnes, est le motif de ce dessin, pris à peu de distance de l'hermitage de la *Bonne-Fontaine*, entre Saverne et Phalsbourg.

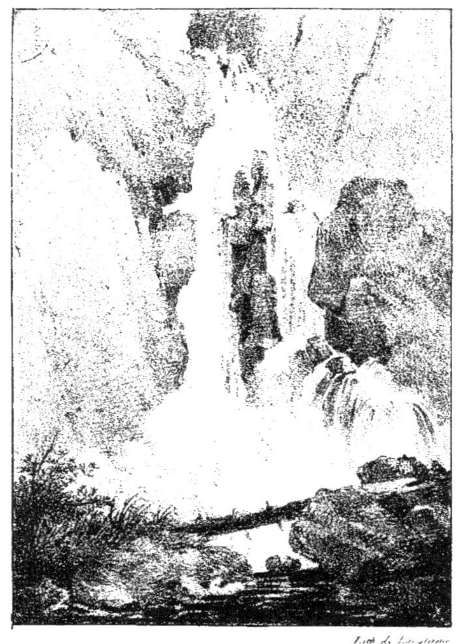

Ravin de la Bonnefontaine.

ÉTUDE DE SAINT-GERMAIN-EN-LAYE.

J'ai dessiné, dans la forêt de Saint-Germain, cet arbre dont les masses de feuilles, soutenues par un tronc tortueux, sont d'un effet si pittoresque, qu'il m'a semblé utile d'en faire un sujet d'étude. Sa forme bizarre, l'enceinte ombragée de touffes verdoyantes, dans laquelle il se trouve, offrent un spectacle assez curieux pour attirer les regards des amis de la nature.

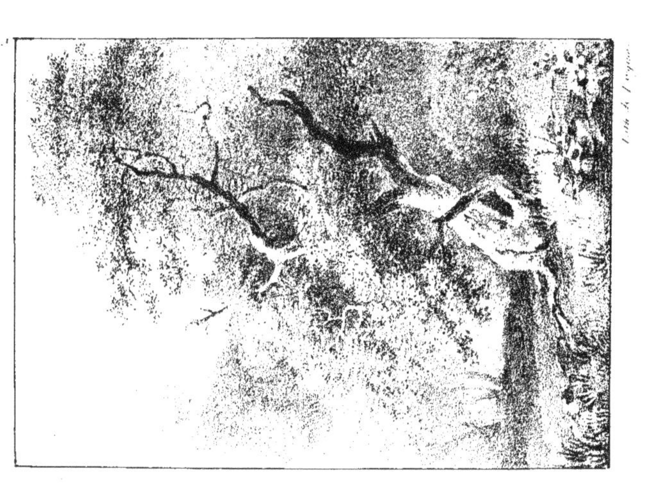

Lith. de l'auteur
Étude à St Germain